野原チャック・コレクション ＜復刻版＞

アンティーク・キルト
ANTIQUE QUILT COLLECTION

四角つなぎ ● 6

ヘクサゴン ● 20

パターンいろいろ ● 32

ログキャビン ● 50

クレイジー ● 58

アップリケ＆エンブロイダリー ● 74

タバコ ● 90

作品解説 ● 小野ふみえ

ご挨拶

"稽古に神変あり"といいますが、尊敬する野原先生は、キルト界の先覚者であるとともに、作家、指導者としてのご活躍もさることながら、コレクターとしても日本では右に出る人は見当たりません。

このたび先生のご厚意によって所蔵の300余点の中から、粒選りの75点を「上野の森美術館」で一堂に展示できますことを、キルト愛好者の皆様とともに喜びたいと存じます。

展示作品75点の時代考証は小野ふみえ先生の手を煩わせ、折り紙つきの傑作キルトは見るだけでも価値があると激賞されておられます。また東京藝術大学の北田正弘教授も、野原先生の講義（東京藝術大学大学院・美術研究科、平成13,14年非常勤講師として）と、アンティーク作品の数々を見て、すっかりキルトに魅了されてしまったとおっしゃっておられます。

そのことを裏付けるように、アメリカの高名なキルト研究家・ジョナサン・ホルスタイン氏も野原先生は西洋の古い布の造詣が深く、確かな審美眼はアメリカの専門家よりも的確だと賞賛されております。

丹精込めて、一針、一針縫い上げたアンティークキルトの素晴らしさをご鑑賞いただければ幸いです。

主催者

注　稽古に神変あり
物事の修得に必死で取り組み修練すれば、人間の力を超えた境地に達するものだということ。
（時田昌瑞著　岩波ことわざ辞典より）

※本書は、上野の森美術館で2003年に開催された展覧会「アンティーク・キルト 野原チャックコレクション」の図録を復刻したものです。各人のご挨拶や、作品解説は、当時の原稿をそのまま生かしています。

Embassy of the United States of America
Tokyo

Message

From the earliest days of our nation, quilting has been one of the most popular and creative expressions of American creativity. In crafting these humble items for everyday use, generations of Americans -- usually women, often working together with other family members and neighbors -- have stitched together beautiful and enduring testimonials in fabric to the ties of family, community, and country.

I am delighted that Japanese will have the opportunity to see the best of the Chuck Nohara Collection of American quilts. I am certain this magnificent exhibition will help expand appreciation of this typical American folk art and remind all of the deep and abiding ties of affection between our two great nations.

On behalf of the United States Embassy in Japan, I offer my best wishes for the success of this exhibition.

Mark J. Davidson
Cultural Affairs Officer

メッセージ

私たちの国のごく初期より、キルトはアメリカの創作品として最も人気の高い、かつ創造的な表現方法です。日常品としてこれらのつつましいものを作るに当たり、幾世代ものアメリカ人は、多くの場合女性でしたが、家族や友人たちと一緒に布地を使い、家族、社会、国を結びつけるために不朽の美しい証を縫い合わせました。

日本の皆様が野原チャックさん所蔵のアメリカンキルトの傑作を見る機会に恵まれ、嬉しく思います。素晴らしい当展覧会がこれら典型的アメリカンフォークアートへの理解をさらに深め、二国間の固くたゆまない友好の絆を思い起こさせることと確信しております。

在日アメリカ合衆国大使館を代表し、展覧会の成功を心から願っております。

マーク・J・デヴィッドソン
アメリカ合衆国大使館
文化担当官

私のアンティーク・キルト・コレクションについて

　なんで、こんなに集めてしまったのか今さら考えてしまった。

　中学生の時、進駐軍が置いていったアメリカのセブンティーン誌を神田の古本屋で見つけてからが始まりかも知れない。

　それとも、ちょうどその頃テレビで「3時の名画座」をやっていて、私はそれを観たさに必ず3時には家に帰って西部劇なんかを観ていたが、その頃からかもしれない。ハッキリしているのはそこに色々な布でベッド・カバーらしきもの（その頃はまだ日本ではベッドは普及してはいなかったが）を見て、自分がずっと集めていた布がこれで使える！と思ったことからかもしれない。ちなみにそのジョン・ウエインの映画は白黒だった。

　とにかく、最初は15cm角の布をふとんカバーくらいに縫い合わせ、それを鏡に映し、2倍の距離で見た。近くで見ているよりずっと立体感が出て嬉しかったことから病みつきになったのを覚えている。

　何でもかんでもスケッチしては自己流で縫っていた。今になって思えば、映画が白黒だったのがむしろ良かったように思える。なぜなら自分流に好きな色使いを連想出来たからだ。

　その頃の私はまさかこんなことになろうとは思ってもいなかったから、恐いもの知らずであった。誰に遠慮もなかったからである。

　今でこそキルト作家などと言われたりするが、その時はそんな職業はなく、100％専業主婦になるはずだった。

　やがて、大阪万博の2、3年前からアメリカ開拓史が日本でもブームになった。

　そんな折り「アメリカの女性史を語るにはキルトじゃないか、チャックさんのソファーの隅に丸めてあったボロきれ繋ぎ、アレがそれではないか？」と注目を集めるようになった。そして『an-an』が来た、次に『生活の絵本』『私の部屋』日本ヴォーグ社と続き、NHKもやって来た。初めて自分の作品が雑誌に載った時の感動は今でも忘れられない。発売日を指折り数えドキドキした。

　そんなこんなで一冊のハード・カバーの本も出た。一週間で店頭から売り切れた。何がなんだか解らなかった。

　昭和50年の春だったように思う。初めての展覧会の話が来て、生徒が81人集まった。それが昭和51年9月だったのである。今にして思えば自己流でよくぞ図々しいものだと恥ずかしくなる。

　アンティーク・キルトとは知らず、その頃救世軍の中野のバザーで古い布繋ぎを100円くらいで買った。サンフランシスコでもフリー・マーケットの荷台に敷いてあったキルトを1ドルで買った。イギリスでも買った。どこへ行ってもドンドン買った。その頃は余りお金もなかったが、不思議に気に入ったものを買えないことはなかった。とっても高いものも、なぜあんなに買えたのだろう。トップを含め、遂に350枚くらいになっていた。それらが今や美術倉庫に一杯。

　物は好きな人を待っているというがホントだった。手に入れられるまでがまたスリリングだった。値段の交渉も大好きだった。コレクションのほとんどが、自分で決めた（評価した）値段で買えた。この上なく幸せだった。コレクション展なんてことになるのであれば、もう少し配慮して買って置くべきだったと後悔もするが・・・まぁ良いかな。またどこかで見たことのない物に出合えることを残しておこう。

　私は今でも木綿のピースド・キルトが一番好きである。自分の作品は洋書が手に入るようになった時、そこに出ている最高のアンティーク・キルトが手に入らないから仕方なく真似をしながら気休めに作ったものが多い。

　いくら頑張っても150年前のキルトの味わいにはかなわない。180年くらい前のもあるが、その時日本はどんな時代だったのだろうか。

　そして、この作品一枚一枚がどのような人々の手で、どのような思いを込めて作られたのかを想像しながら楽しんでいきたい。誰に何と言われようと、私はこれからも世界中にある素晴らしいアンティーク・キルトからヒントを得ながら作っていくに違いない。

野原チャック

ペンシルポインツ株式会社代表取締役
野原チャックキルトスクール
ハーツ＆ハンズ校長
東京藝術大学大学院美術研究科
平成13年、14年、非常勤講師

作品解説を終えて

小野ふみえ

　初めて野原チャック氏のアンティーク・キルト・コレクションを拝見したのは、十数年前になります。当時は夫の仕事で、国際キリスト教大学の雑木林が美しいキャンパスに住んでいました。ある日渋谷のデパートのキルト展にふらりと出かけました。ハーツ&ハンズの現代作家の、レベルの高さに驚きながら、コーナーに飾られたアンティークキルトの一枚の前で、私は釘付けになってしまいました。それは米国でもめったに出合えない、古色の見事な傑作だったのです。

　この度「上野の森美術館」でアンティーク・キルト展開催に当たり、作品の時代考証のご依頼を受けることになりましたが、あの時からの、やはりご縁があったのでしょう。これまで数々のアンティーク・キルト・コレクションを見てきましたが、野原氏のコレクションは非常にユニークで、見応えのある作品がたくさんあります。19世紀初期のミュージアム・ピースと呼んでよい数々の傑作のほかにこのコレクションが独自なのは、コレクターがパターンとデザインに重点を置き、気持ちがぐっと引き締まる強いトーンの作品を、数多く収集しているからでしょう。

　昨年の秋、帰国して、作品を見せていただいた時「私はお教室の皆さんの、参考になるキルトばかり集めてきました。」と言われた野原氏の言葉が、コレクションの特徴を伝えています。普通の収集家は作品の虜になって求めますが、野原氏は日本全国にパッチワークキルトを広めた先覚者の目で、キルターのお手本となる作品を探されました。無地をあまり使わず、柄ものばかりで美しさを出す、独特のキルトを開拓した芸術家のテイストが、この収集作品にも現われています。コレクションの一枚一枚が、日本キルト界の隆盛を導いた野原チャック氏の、エネルギーの源であり、忠実な協力者だったのです。

　日本に開花したキルト制作の歴史の上に、重要な地位を占める大変貴重なコレクションです。

（アンティーク・キルト・コレクター）

暮しの手帖社刊
小野ふみえ著
キルトに聞いた物語(左)
花かご揺りかご(右)

アンティーク・キルト展に寄せて

北田正弘

　何かに出合ったとき、身体全体にぞくぞくっとするような衝撃が走り、言葉にも表せない、何かが胸に迫ってくる、そんなことがあります。野原チャック先生のコレクションは、まさに、そんな"感動"の連続です。前々からキルトの美しさを学生に伝えたいと思い、先生を藝大にお招きして講義して戴きました。会場は立ち見が出るほどで、藝大美術館の展覧会に来た一般の方々まで参加し、大盛況でした。

　その折に先生のコレクションの一部を拝見しましたが、これが圧巻で、学生たちの目を釘付けにしました。本当に素晴らしいものです。チャック先生が、これらのキルトに出合った時の感動が伝わってくるようでした。先生の数多くのコレクションの中から選び抜かれたものが、芸術の森である上野の地で展示されることは、キルトを愛する私たちにとって、この上ない喜びです。

　個人がコレクションをすることはたいへんなことです。美術館や博物館が組織的に集めるのと違い、コレクター自身があちこち足を運び、何度が無駄足を踏み、その中のほんの何度か感動の出合いなのです。ある時は、一足違いで出合えなかったこともあるでしょう。それに、そんな出合いには確かな目が必要です。感性あふれる作家のチャック先生なでの出合いでしょう。そして、これだけたくさんの出合いをしたチャック先生が羨ましくもなります。その努力は並々ならぬ執念に似たものと思います。展覧会を通してチャック先生の感動や苦労を一人ひとり思いめぐらして欲しいと思います。

　アンティーク・キルトの素晴らしさは、布、色、デザインなどの技術と歴史が濃密に詰まったところにあると思います。たとえば、針という道具そのものは作品の中には残りません

が、縫い目としてあざやかに作品を盛り上げます。どんな針だったかも想像できます。作品の中に残らないものが、これほど奥深く、また、自己主張する美術品は他にないでしょう。それは、作り手の主張と言い替えてもよいでしょう。また、古い布のひと裂も時代を超えて話しかけてくれます。

キルトを愛する人たちに使われ、その人たちの生活の目撃者でもあります。それは喜びであったり、悲しみであったり、キルトに耳を傾けた時、いろいろな話し声が聞こえてもきます。もし、話が聞こえて来なかったら、そっと語りかけてみてください。きっと、応えてくれることでしょう。

私がキルトを好きなのは、これが女性の手になる芸術でもあるからです。男性中心の世で、この領域は男性が足元にも近づけない女性の城です。そして、これらのコレクションは貴重な文化財でもあります。文化財は散逸することもありますが、コレクターによって生き延びて、長く伝えられます。その意味で、作家としてはもちろんのこと、伝統を守るコレクターとしてのチャック先生ご自身が素晴らしい存在です。展覧会の開催にあたり、この感動をありがとう、という言葉を、皆様を代表して差し上げたいと思います。

(東京藝術大学教授)

野原チャックさんの審美眼に敬服する

ジョナサン・ホルスタイン

たいていの日本人が、アンティークキルトを初めて見たのは1970年代の中頃です。その後の数十年の活気のある時代に、日本のキルト作家や企業が、教室組織、アート関係の雑誌や本、展覧会の数々、熟練した活動によって、キルト文化に貢献をしてきました。現代の日本のキルト作家が、デザインした作品は、世界で最高のランクになっています。日本ヴォーグ社や日本手芸普及協会のような団体が、大がかりなキルト展を東京で開催し、大成功を収めています。興味を持った日本の人々は、このような企画を通して海外の機関の所蔵キルトや、プライベートコレクションを見る機会を得たのです。しかし、今回の展覧会は、少し違っています。知識のある日本の鑑定家でありコレクターでもある、野原チャックさんのコレクションだからです。

野原チャックさんは、アメリカンキルトに注目した日本の先駆者です。彼女は幼い頃から布を集めており、アメリカ文化に興味を持っていたと記しています。1957年、中学生だった頃、日本のテレビで古いアメリカの西部劇を見た時、つぎはぎのベッドカバーに興味を惹かれました。でも、細かいところはよく見えなかったそうです。その頃はキルトというものの存在を知らなかったので、それが何かは分からなかったのです。その後、1960年になって、救世軍のバザーで初めてアメリカンキルトを見つけました。進駐軍が帰国前に残していったキルトです。これがコレクションの始まりです。

野原さんは、イタリアに留学していた時に、西洋文化の本を見る機会を得ました。日本に戻ってからもその興味が続き、その頃手に入るようになった洋書を見ながら、布の勉強を続けました。知らず知らずのうちに、初期の布の知識が豊富になっていったのです。

私が野原さんに会った頃、彼女は、キルトの熱心なコレクターになっていました。すぐに二つのことに印象づけられました。第一に、初期の頃の西洋の布にとても造詣が深かったことです。そして、アメリカのキルトの時代考証が的確だったのです。これまで学んできた知識で、私が知っている西洋の専門家よりも、キルトの年代を正確に特定できたのが印象的でした。第二に私と彼女のキルトの好みがよく似ていたことです。私が最初にアメリカンキルトに魅力を感じたのは、モダンアートのムーブメントよりも前に現われていた、その芸術性や優れたデザインです。野原さんも、キルトの純粋な芸術性、特にシンプルなデザインで、陶器のようなフォークアートを啓発した芸術性に惹かれました、と言っています。このようなキルトは"モダン"に見えます。コレクションの中には、モダンペインティングのようなキルトがあります。芸術性が野原コレクションの一番の興味の対象です。たくさんのキルトに、彼女の好きな初期の頃の布が入っています。他に、野原さんが興味を持っているフォークアートデザインや、ちょっと変わっていたり、楽しいデザインのキルトもあり、伝統的なフォーマットの中に、作者の独特な発想とビジュアル創意工夫が盛り込まれているのです。

野原さんは西洋芸術、布、最後にアメリカンキルトを勉強しました。それぞれの分野で優秀な生徒だったので、このコレクションが日本で一番なのは明らかです。すべてを包括すると、初期のキルトのビジュアル的な特徴をおおいに備えている素晴らしい布を組み合わせたキルトは、偉大な宝ものと考えられます。野原さんの熱心で教養のある目で、世界中から集めた素晴らしいキルトのコレクションを、より多くの人が鑑賞されることを期待しています。

(キルト研究家、歴史家、作家、学芸員)

四角つなぎ

ポステージスタンプ メダリオン キルト

1890年頃／204 × 204cm

コチコやメリマックなど、ニューイングランド地方の布プリント工場の布が、一望できる素晴らしい作品。1890年代に流行した赤紫のマゼンタもある。三角に入れたボーダーと裏布の大きな花柄も珍しい。メダリオンスタイルにしたポステージスタンプ キルトが斬新でユニークな作品。

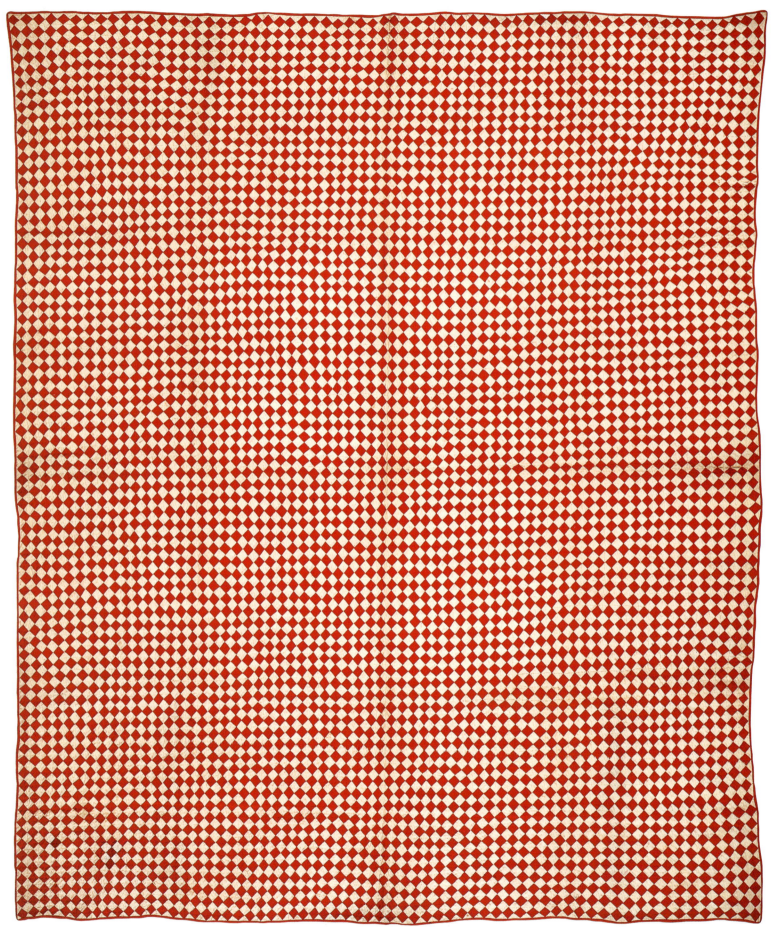

スクエアパッチ
1880〜1920年頃／212 × 180 cm

ターキーレッド（トルコ赤）は色落ちしないので、キルター垂涎の的の布だった。10世紀頃から赤の堅牢染めをトルコが秘法にしたので、18世紀半ばに、ヨーロッパからスパイが潜入し、染色職人をフランスに連れ出した。その30年後に、英国がフランスのルーアンの染物工場に銀2,000ポンド（約1トン）を払い、やっとターキーレッドの染色法を得た大変高価な赤だった。米国のターキーレッド製造は19世紀後半だった。

フォーパッチ

1880〜90年頃／200×200cm

19世紀半ばになると、シンプルなフォーパッチ、ナインパッチはアップリケの隆盛で陰が薄れるが1896年の米国建国百年の万博から、20世紀前半までコロニアルブームが起き、アイリッシュ　チェーンやナインパッチがリバイバルした。ボーダーに配したナインパッチのブロックは、このキルト制作より50年前に作られたもので、1840年頃だけ作られたヨーロッパの貴重なオンブレ（ぼかし染め）が見える。

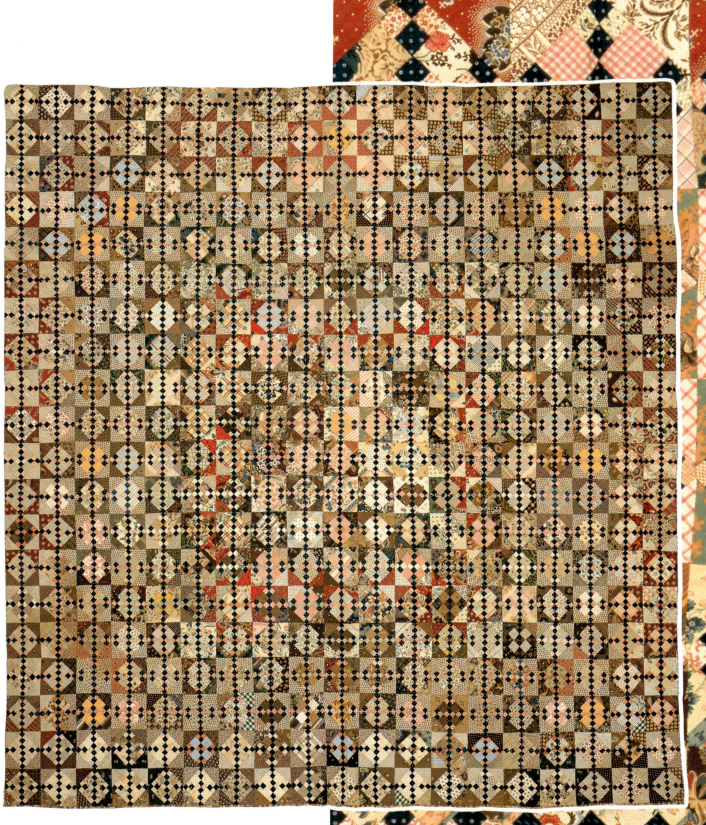

フォーパッチ

1860～70年頃／222×212cm

この作品は表も裏もともに見事な貴重なキルトである。茶色はマダーと鉄媒染で染めやすく、安価だったので、19世紀の女性の普段着は汚れの目立たぬ茶色が多かった。小さな端切れでミニチュアのパターンを作るため、貴重なオンブレやターキーレッドも加えて、時間と愛情をたっぷり注いだ作品。フォーパッチのインディゴブルーが線を生み出すデザインが、実にみごとで美しい傑作。裏地もピラープリント（柱のプリント）のデミチンツ（赤や青が入らないチンツ）で幅のまま縦につなぎ裏一面の大きさで残るのが非常に貴重で珍しい。

スクエア パッチ

1900〜1910年頃／208 × 200 cm

19世紀末から、20世紀初期のスクラップ布の中に、黒地にピンクや黄色、青の細かい曲線がプリントされた、ネオンプリントが見える。スクラップキルトはボーダーなしで、普段使いのキルトに仕上げるのが普通だが、この作品は稲妻のパターンでボーダーを付け、さらにペイズリーの広幅のボーダーまで加えてある。裏も同じペイズリーの布なので、カーテンを作るか、取り替えるかして、大量に使えるようになったのであろう。幅広いボーダーがはからずも19世紀初期のキルトのスタイルになっている。

トリップ アラウンド ザ ワールド（バリエーション）
1900〜1910年頃／206 × 178 cm

19世紀から20世紀初期に豪華船で欧州やエジプトへの旅をすることになると、「世界一周旅行」のパターンが流行した。1890年代にできた化学染料の黒と、米国でも染められるようになったターキーレッドがシャーティングという白地プリントを浮き立たせ、作品全体を引き締めている。

アイリッシュ チェーン
(フォーポスト ベッド用)

1840年頃／284 × 294 ㎝

四本柱に天蓋つきのベッドは、主に19世紀の豊かな家庭で使われた。足元のポスト二本をはさんで、キルトが横に垂れるようなスタイルになった。すべてが高価な輸入布で、特にボーダーは赤茶とベージュのオンブレ（ぼかし染め）が使ってある。この布は1840年から1860年頃まで染められて、染色がむずかしかったので、すぐ中止された貴重な珍しい布であった。ターキーレッドと焦げ茶色の背景から、チェーンが白く浮き上がる格調高い傑作である。

シングル アイリッシュ チェーン
1900〜1910年頃／216 × 172 cm

布が高価だった昔から、端切れをためて大きな布にする手段に、四角を合わせるフォーパッチ、ナインパッチがあった。ミシンのない時代、英国の伝統を受け継いで米国の女の子も四、五歳から毎日やさしいパッチワークのお稽古があった。シンプルなフォーパッチやナインパッチも組み合わせでいろいろなデザインを生むが、中でもアイリッシュ チェーンは人気があって、19世紀初期によく作られた。

斜めラインのスクエアパッチ

1900年頃／184 × 186 cm

同じサイズの小さな四角を、縫いつなぐキルトは、ポステージ スタンプ キルト、つまり「郵便切手のキルト」と呼ぶ。斜めのラインが出るように縫い合わせた作品は、とても珍しい。黄色と紺の強い対比が、実に巧みに入れてある。きっと作者は、斬新な考えの進歩的な人だったであろう。

フォーパッチ

1900年頃／176×192cm

家にある端布だけで作られた普段用のキルトだが、フォーパッチをポイントでつないだ濃い色のチェーンが美しい。愛用されてなお、100年後の今も健在なのは、作者の丁寧な手仕事が、このキルトを使った人々の心を打ったからであろう。

ナインパッチ

1940年頃／216 × 182 cm

明るい藤色とミントグリーンは1920年代から1930年代に流行した。1920年代、30年代の、残り布で縫い集めたシンプルなパターンを、三重につけたボーダーが、品のある作品に高めている。一番外側の紫のプリントのボーダーとバインディングが1940年以降の布なので、キルトトップを、後に仕上げたと思われる。

メダリオン

イギリス製
1820～1840年頃／210×172cm

中央の大きな花の木版プリントは、1815年頃にイギリスでキルターのために制作された布である。これによく似たメダリオン・キルト用の花柄プリント布が、ロンドンのビクトリア＆アルバート・ミュージアムに所蔵されている。他の布も19世紀初期の大変珍しいイギリスの布で、米国や日本では、めったに見ることができない。ペーパーライナー方式ではぎ合わせているので、中綿の入っていないキルトでコンディションも最高。野原チャック氏のコレクションのハイライトの一枚となる貴重な作品である。

ヘクサゴン スター
イギリス製
1860年頃／242×236㎝

六角形をつなぐキルトは、初め英国で流行した。六角形の紙の型紙を布で包んで、六辺をかがるイギリスのペーパーライナー方式が1835年の米国の婦人雑誌に載ると、米国でも絹や木綿でたくさん作り、ハニコム（蜂の巣）、モザイク、ヘクサゴンのキルトと呼ばれた。このキルトは英国製で、ボーダーに付けられたチンツもみごとな格調の高いキルトである。

矢羽根模様のヘクサゴン
キルトトップ イギリス製
1860年頃／230×196cm

イギリスで作られたこの作品はP.22のキルトと同様に、裏を返すと六角形の型紙を贅沢に、たっぷりの布で包んである。

ヘクサゴン

1880〜90年頃／180 × 150 cm

1880年代の赤茶色のマダー・プリントや、白地に青や黒、赤でシンプルな細かい柄が散るミルエングレイビングと呼ばれるシャツやブラウスの布など、大半が1880年代の布だが、1890年代の大きな花柄もある。メダリオン スタイルで縞と格子だけを集めた細いボーダーと、白地のモザイクが、六角のロゼットを浮き上がらせたみごとなデザイン。端が切ってあるので、後年、誰かが擦り切れた外側を切り取ったとも考えられる。

ハニコム キルト
1850年頃／174 × 192 cm

当時流行のチンツにヒントを得て、ウールに刺しゅうをしている。ボーダーにもチンツに似せた刺しゅうが施され、優れた技量から、熟練した専門家が作ったものと思われる。

ヘクサゴンスターとフラワーバスケットのサマーキルト

1890年頃／206 × 178 cm

布が豊富だった英国にくらべ、輸入布が貴重だった米国では、このように貴重な布で作ったヘクサゴンを、麻布に散らせてベッドカバーにした。

ヘクサゴンつなぎ
1890年頃／194 × 164 cm

六辺にさらにオレンジや白いピースをつけて、ユニークな立体感がでている。

ストリング ヘクサゴン

1920年頃／186 × 170 cm

細い端切れも無駄にせず、六角形の台紙に縫い合わせた普段用のストリングキルトだが、19世紀末の布が、深みのあるターキーレッドと、20世紀初めに流行した黄色で統一されて美しい。まだ柄のないフィードサックを合わせて、マゼンタで染めた裏地も、六角形がいびつなのも味わいがあるカントリーキルトである。

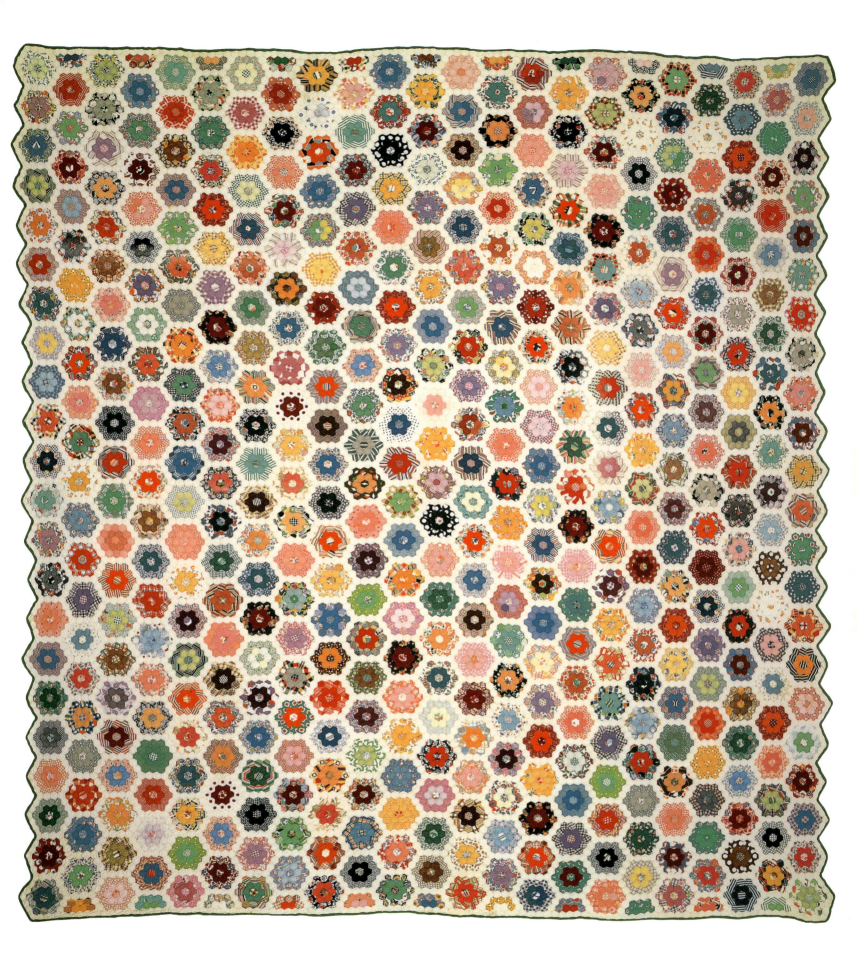

おばあさんの花園

1930〜40年頃／208×200cm

「グランドマザーズ フラワー ガーデン」の名は1930年代に、オクラホマの農業雑誌がつけた。中心に黄色い太陽、次に花壇を二重にめぐらせ、花の間に白い小道をと、初めて指定した。このキルトは六角形が実に細かく、中心の太陽まで花でうずめた労作である。

パターン

フラワーバスケット
1938年頃／200 × 204 cm

花かごは昔からキルターに好まれたが、1920年、30年代にも花かごが流行した。このパターンは、1937年あるいは38年に新聞か雑誌で通信販売されたもので、ミシガン州のガードナー婦人が、1938年に制作した同じキルトが残っている。かごとのこぎりの歯のボーダーを茶色に、花と葉は色無地でと、パターンに指示があったらしく、よく似ているが花の色やボーダーの色、ボーダーの入れ方、キルティングパターンにそれぞれの個性が見える。

ニューヨーク ビューティー

1840年頃／254 × 236 ㎝

このパターンの作品は19世紀半ばからあり、上手なキルターがチャレンジした。19世紀は「ロッキー マウンテン」や「クラウン オブ ソーン」と呼ばれた。1931年に中綿のマウンテン・ミストがこれをモダンでやさしいパターンに直し、「ニューヨーク ビューティー」と名付け、カラーで中綿の包み紙に印刷した。1933年シカゴ万博のシアーズのキルトコンテストではラティスが斜めの「ニューヨーク ビューティー」が数点入選した。

のこぎりの歯

1850〜60年頃／234 × 200 cm

古いインディゴブルーの良い箇所を取って、むずかしいパターンを縫ったこの作者は、年季の入った年輩のキルターであろう。縦縞のデザインは、19世紀初期によく作られたが、白とインディゴブルーのキルトは、19世紀半ばに流行した。擦り切れたところを近年修復してあるが、それでもなお味わい深い美しさが保たれている。

のこぎりの歯

1840〜50年頃／205×202㎝

細かくギザギザの入るパターンは、ベテランのキルターがチャレンジしたが、のこぎりの歯のキルトは19世紀初期によく作られた。交互に使ったターキーレッドとプルシャンブルーの布は、ともに19世紀初期のヨーロッパの木版プリントで珍しい。正確なパッチワークと細かいキルティングが作者の情熱とプライドを150年たった今もよく伝えている素晴らしい作品である。

ローリングスター（バリエーション）

1860〜70年／224×174cm

心安らぐ、フォークアートの真髄と言いたい作品。ターキーレッドの星の横の空間を、クロームオレンジと白のフォーパッチにし、星を花に見立てて花芯を入れるなど、作者の自由な独創性が、ボーダーの素朴なアップリケと見事に調和する。見るほどに心が暖まるアメリカンカントリーの傑作キルトである。

トライアングル メダリオン

1890年頃／180 × 180 cm
中央のゆがみはハーツ＆ハンズのスタッフが修復

19世紀末の細かい端切れも、ひも状のスクラップも、すべてをためて、小さい三角から大きな三角へと、珍しいメダリオン スタイルを考えた。この作者は倹約を旨とする、しっかり者の主婦であったろう。パッチワーク本来の意味を思いおこさせる苦心のキルトである。

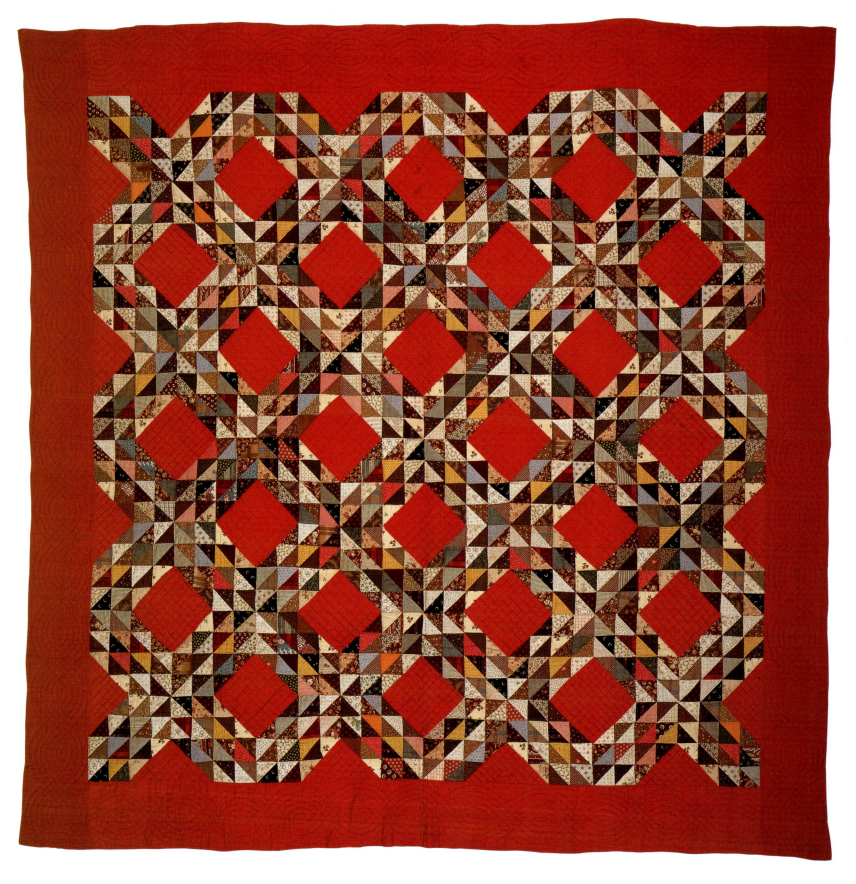

オーシャン ウエーブ
1890年頃／220×220 cm

1880年代のコチコ プリント会社や、ニューイングランド地方製の布が、ターキーレッドに映える素晴らしい作品。オーシャン ウエーブは、1870年代から現在まで、ポピュラーなパターンだが、1890年代によく作られた。米国製の布が豊富になって、家にたまったスクラップ布が、美しく変身したからであろう。

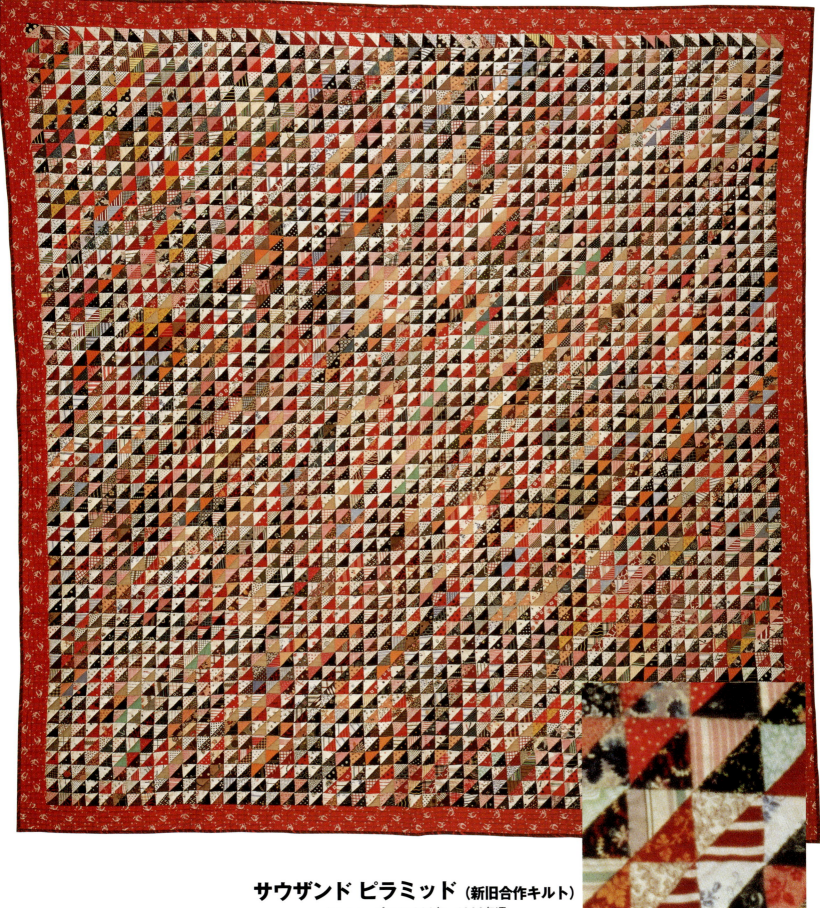

サウザンド ピラミッド（新旧合作キルト）
キルトトップのみ1890年〜1900年頃
裏地、バインディングとキルティングはチャックス・クラブのスタッフが制作　現代／182×176 cm

南北戦争以外は、大規模な戦場にならなかった米国本土には未完成のキルトトップがたくさん残っている。見事なトップほど、後年のキルターが昔の布をいとおしんで、キルトに仕上げることが多い。米国の大きなキルトショーでも、新旧合作のキルトのコンテストが行われている。この作品も百年前の美しいトップをチャックス・クラブで丁寧に仕上げた。このような場合は裏にトップの年代と仕上げた人、制作年を明記するのが、後世に遺産を正しく伝える我々現代キルターの努めである。ボーダーのホースシュー（馬蹄）は幸運の印である。このほか犬の頭や猫の顔、釣り道具など、思いもかけないものを、一色か二色でプリントした布が、1880年代から1900年まで作られ、カンバセーション ピース（話題の布）と呼ばれ、よくキルトに使われた。

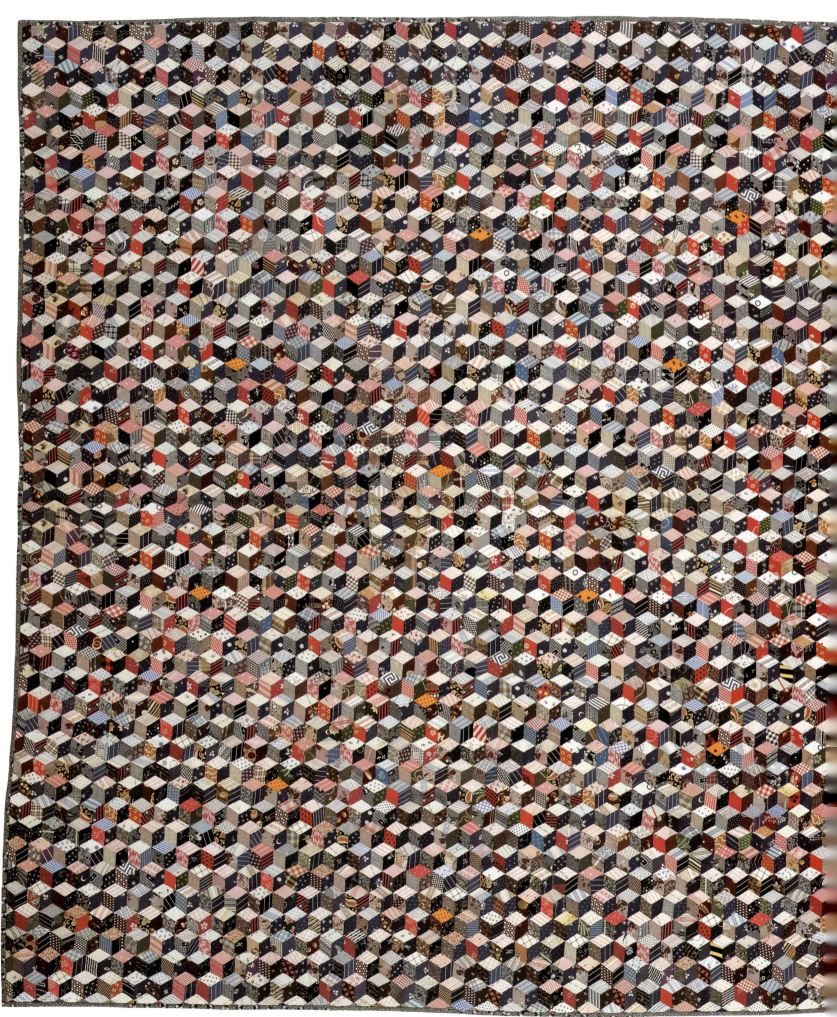

ベビーブロックス（新旧合作キルト）

キルトトップ（米国製）1890年〜1900年頃
裏地、バインディング、キルティング　現代／212×162cm
チャックス・クラブ制作

このパターンは、19世紀後半からよく作られた。1882年、米国のクーリッジ大統領が10歳の時、母を手伝ってベビーブロックス用に布を切ったというキルトや、アイゼンハワー大統領が少年時代、母が縫うのを手伝ったベビーブロックスのキルトが、それぞれのゆかりの地に展示されている。1890年代の布、チャコールグレーのモーニング（喪服用）プリントや、インディゴブルー、黒にまじってマゼンタ、ピンク、ターキーレッドが良く映える。立体的な目の錯覚を起こすパターンで、コンテンポラリーキルトにもさまざまな創造性を与えている。

ダイヤモンド イン ザ スクエア
1890年～1900年頃／210×176 cm

ペンシルバニアダッチ(ペンシルバニア州に住むドイツ系の人)の制作であろう。ヴィクトリアグリーンを好む人たちで、19世紀末のスクラップ布が無駄なくいかされ、緑によく映えている。

ローマン ストライプ
キルトトップ
1890～1900年頃／200×152cm

このパターンはチャイニーズ コインとも呼ばれるが、細長い端切れを使い切るのに、中国の銅貨を重ねたような、このパターンがよく使われる。普通はキルトのボーダーにされるが、この作品は縦長につなぎ、白地と格子のピンクで、ぼかし染めのようなラティスとボーダーが入れてある。工夫が成功した面白いカントリーキルト。

ドレスデンプレート

19世紀後半／188 × 186 cm

絹のドレスデンプレートは珍しい。ドレス布やリボンや古いネクタイをきちんと縫い、当時大流行のクレイジー キルト風の刺しゅうも加えた。豊かな家庭で代々大切に伝えた作品。ドレスデンプレートは1797年制作の、英国のサンプラーキルトにもある古いパターンで、米国最古の現存するキルトといわれている「アナ・ツールの結婚のキルト」（1785年）の中心もこのパターンになっている。

ドレスデンプレート

1930年頃／212 × 174 ㎝

マイセンも近いドイツのドレスデン市から美しい食器が米国へも輸出された。お皿によく似たこのパターンにドレスデンの名が付いた。服の残り布や、当時の不況を反映して、柄のついた布の粉袋、布目の粗い鶏の飼料袋（フィードサック）まで、美しいお皿の一部になってドレスデンプレートに縫い込まれた。ボーダーとミニチュアの黄色い花が、不景気をはね返す明るい作品である。

クラウン オブ ソーン

1920年頃／198 × 196 cm

キリストがとらえられて十字架にかけられる前、ローマの兵士が、王を名乗ったキリストを揶揄して、捕らわれた庭の茨で冠を作り、キリストの頭に無理やり被せたという、聖書からのパターン。カンサス州で19世紀半ばから出版された週刊誌が、1920年に通信販売したキルト パターンの中にも入っていた。冠の部分に19世紀末の布も使われている。

フライング ギース

キルトトップのみ1910年頃、裏とバインディングは近年の仕上げ／236×180cm

三角を鳥に見立てたパターンはいろいろあるが、縦一列になって渡るフライング ギースのキルトは19世紀初期にチンツの残り布を集めてよく制作された。このキルトトップは19世紀後半の布が使われているが、縦のラティスとボーダーの黄色地が20世紀の布で、新世紀には明るいキルトをと提唱した当時の婦人雑誌の影響を受けている。裏地とバインディング、キルティングの糸が新しいので、最近誰かが仕上げたのであろう。

稲妻
1880〜90年頃／238 × 238 cm

暗い色の布はすべてウールで、力強いジグザグがグラフィックアートを思わせる見事な作品である。裏はビクトリアグリーンと赤茶のマダーブラウンを市松にしてあるが、アートのセンスを持つ作者の、心にくい演出であろう。

裁判所の階段

1890年頃／188 × 164 ㎝

すべてをシルクで、これだけ細かい仕事をしたのは、かなりのベテランキルターであろう。黒に浮き出る色とりどりが、実に美しい。幅広くつけたボーダーの格子が思いがけない取り合わせだが、ユニークに調和して作者のセンスの良さを伝えている。アメリカらしい素晴らしい作品である。

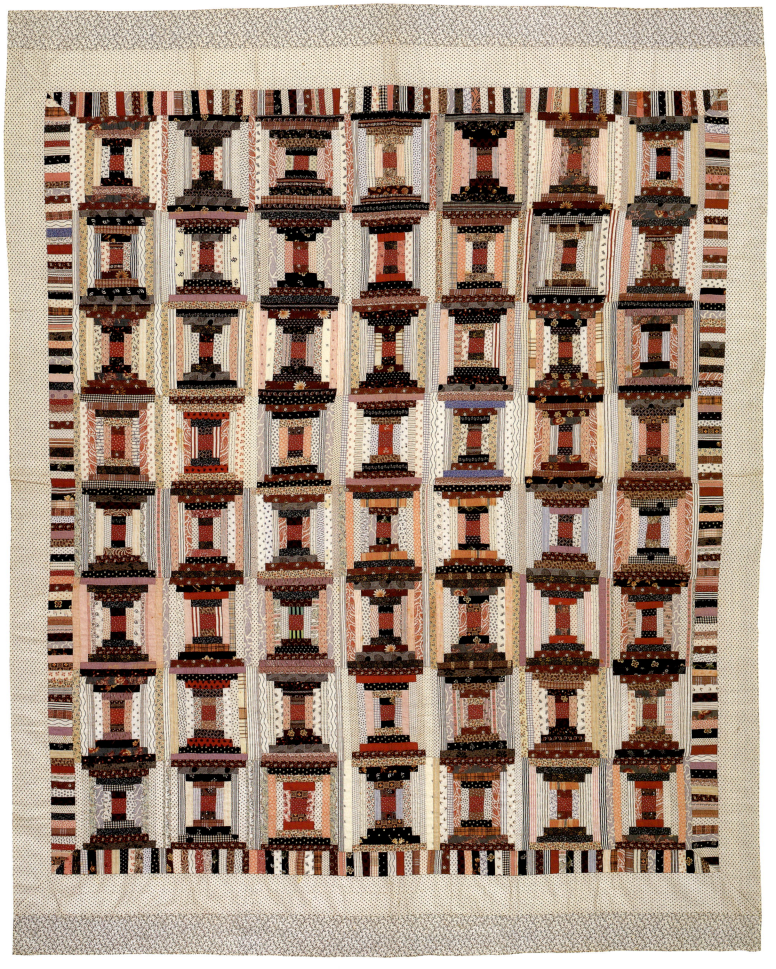

裁判所の階段
1890年頃／212×170㎝

コットンだけで縫ってあるが、明るい布は19世紀後半のブラウスやシャツ用でさまざまな柄が面白い。
当時は絹のキルトが大流行したが、田舎の堅実な主婦は、洗濯のできない絹のキルトはキルトでない
と、昔ながらの木綿でパッチワークキルトを作った。この作者もそのようなキルターの一人であろう。

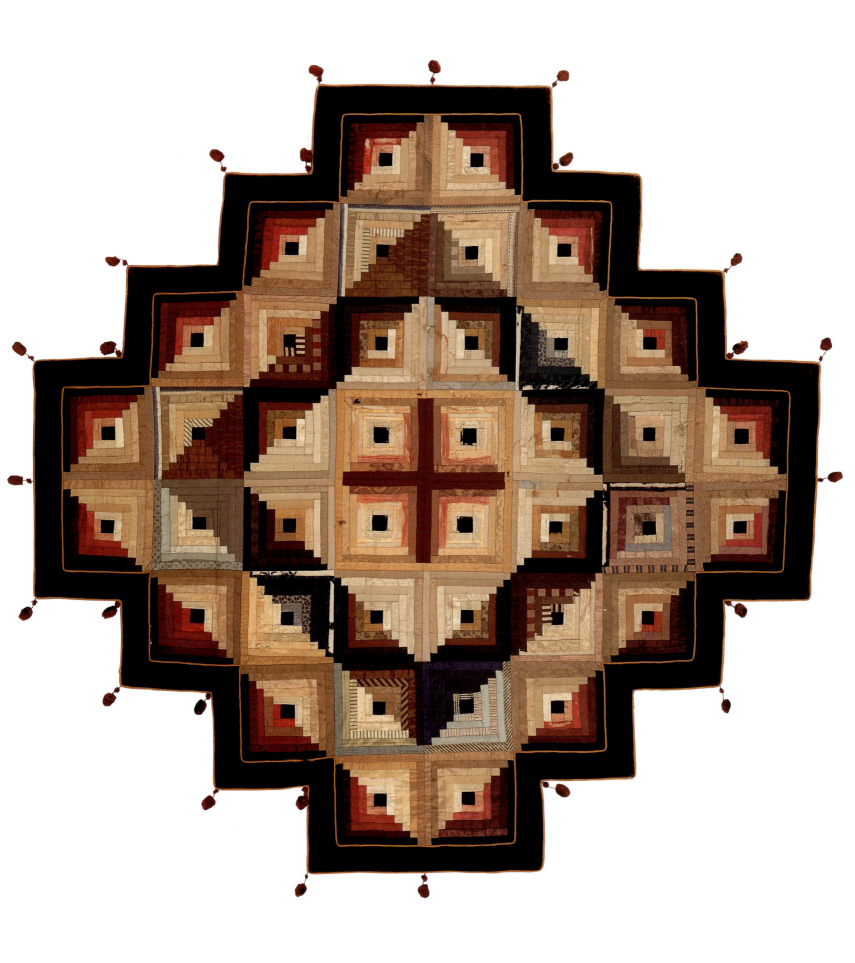

棟上げ

1880〜90年頃／160×160cm

1876年のフィラデルフィア万博の後、クレイジー キルトが流行すると、シルクのログキャビンもたくさん作られた。これは上流家庭の客間のテーブル掛けあるいは、老婦人の膝掛けであったろう。パイピングが入る入念な仕立てで、絹の光沢と配色がいぶし銀のような品のある作品である。

光と影

1890年頃／196×196cm

米国でログキャビンのキルトがよく作られたのは、1870年代からで、家中の残り布をウールも木綿も麻もとりまぜ、布の色の濃淡で土台布に縫いつけた。この作品は裏のモーニングプリント（セミフォーマルの喪服用プリント）で制作年代がよくわかる。19世紀末にキルターが好んだダブルピンクとマダーブラウンが、上手に使われていて美しい。

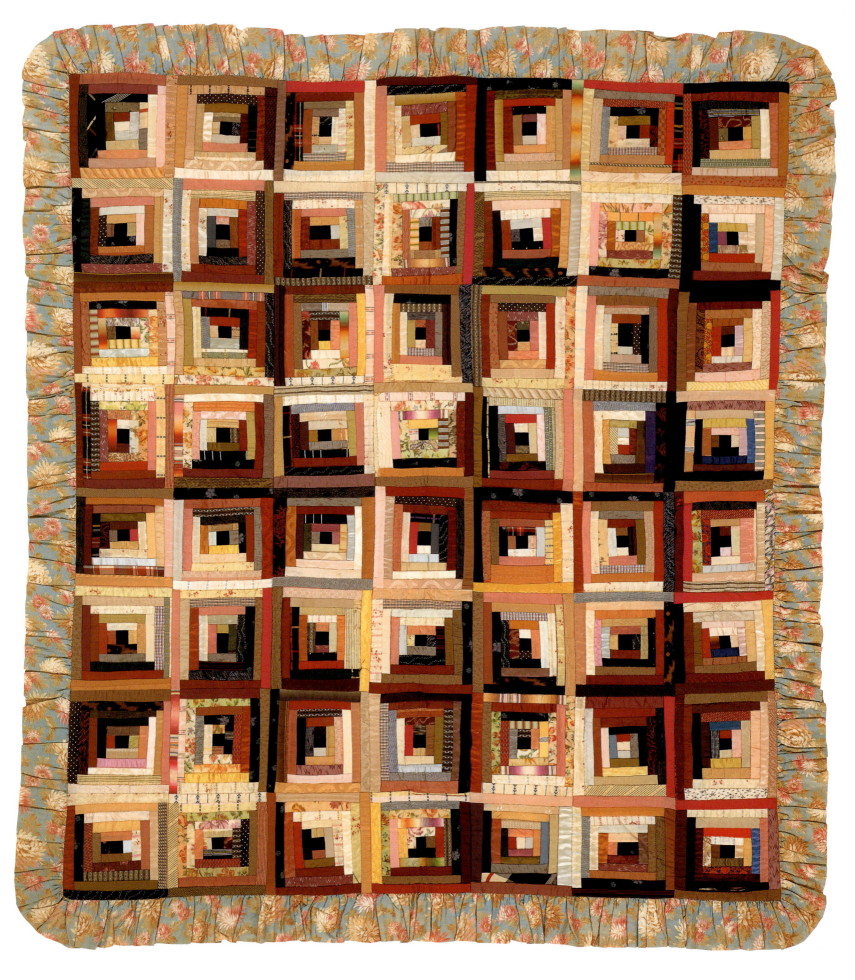

日なたと日陰

1890〜1900年頃／170 × 150 cm

絹とウールが使ってある。中心に四角い赤の暖炉を入れるのではなく、黒にした珍しい作品。キルトの周りのフリルは、19世紀末に流行した大きな花柄のコットンで、当時のログキャビンやクレイジーキルトによくつけられた。

センター ダイヤモンド

1920年頃／202×176cm

荒野にログキャビンを建て、西部を開拓していったアメリカの歴史から、丸太を組む方法と似たやり方で縫う。ログキャビンのパターンは、米国が発祥だと、アメリカのキルターは思いこんできた。最近の研究で、このパターンは古くからスコットランドにあったとわかり、オーストラリアでも、英国から役人の妻が持ってきた昔のログキャビンが発見されて、今は米国説がゆらいでいる。この作品は、キルト作りが下火になった時期の珍しいキルトで当時流行の藤色や、アールデコ風のプリントで明るさをかもし出す面白い作品になった。

クレイジー

**ヨーロッパのウールの
アップリケ キルト**

19世紀後半／220 × 220 cm

ハンティングや羊飼いのアップリケは、ヨーロッパの情景で、美しい広幅のテープや王冠も付けてある。鳥、動物、昆虫、ほうきに乗った魔女も、みんな子供に聞かせる面白いお話の種になった。テレビやラジオ、ビデオゲームがなかった時代の、子供たちの楽しみが詰まっている。

馬のシルエットのクレイジー キルト

1880年頃／190×182cm

特にみごとな傑作で、刺しゅうの技術や材料から英国製と思われる。作品右下の二人の頭文字と年月日は家族の何かの記念日で制作された日付ではない。何世代も大切にしながら、新たに刺しゅうを付け加えているが、20世紀になって、ピンクの刺しゅう糸で、「1776年にロンドンで買った」とビッグジョークも書いてある。

ストライプ状のクレイジー キルト

19世紀末／190×182cm

非常にユニークでマーベリックと呼びたい大変珍しいキルトである。Maverickは集団生活を嫌い、一頭だけ離れて生きる子牛や子馬のことで、一匹狼のように独立心のある芸術家や一風変わった人のことも指す。米国のアンティーク キルト コレクターにも、マーベリックキルトを探す人がいて、エスプリ・コレクションもこのようなキルトに目を向けている。この作品は、ブルーの絹に丁寧に刺した花やフェザーが、真っ赤な四本のバーに囲まれて、目を見張る配色である。三本のバーに散らせた細かい絹が自由奔放なステッチで縫いこんであるが、非常に変わった、強い個性の作者であろう。

ヴァイオリンのクレイジー
1890年～1891年頃／170 × 126 ㎝

黒い三日月形の中に制作した年の刺しゅうがある。米国で幸運をもたらすと信じられているホースシューや蜘蛛の巣のほか、ヴァイオリン、バドミントン、ガス灯、井戸など、思いがけないものの刺しゅうが心をなごませる楽しい作品である。

レール フェンスのクレイジー

1880年頃／194 × 140 ㎝

小さな絹をダイヤモンド形の土台布につけレール フェンスのパターンに仕上げた珍しい作品。クレイジー キルトは飾りを過剰につけた作品が多いが、これは刺しゅうだけのシンプルなデザインで、ダイヤモンド型の黒い線が、全体を引き締めたモダンでアーティスティックな作品である。

ピンクの扇のクレイジー
19世紀後半／144 × 146 ㎝

1879年、アメリカの雑誌に初めて不定型のパッチワークが載り、「パズル パッチワーク」「モザイク パッチワーク」「ジャパニーズ パッチワーク」と紹介された。1876年の米国建国百年の万博で、日本が出展した絹の刺しゅうや陶器、工芸品が大好評で、東洋風が流行した。釉薬（うわぐすり）をかけた陶器を焼いた時、ひび割れ状の表面になることをクラックドというが、不定型のパッチワークがこれに似ていたので、クラックドキルトと呼ばれ、後に訛ってクレイジー キルトになった。"気違いじみたキルト"の意味ではない。ビクトリア女王の華やかな時代で、米国の上流階級も絹を身につけたので、万博以降1900年頃まで、絹の端布に刺しゅうや飾りをつけたクレイジー キルトが大流行した。この作品の扇や鷺も東洋風で、ビクトリア時代の豪華さをよく表している。

コットンのクレイジー

トップと裏は1890年頃、バインディングは最近の作／224×210cm

一つのブロックに必ず赤をいれ、19世紀末のプリントで、花のように縫ったこの作品は、本来は、分厚い中綿を入れた普段用のタイドキルトだった。日本の布団のようにとじた、そのとじ糸を後年誰かが切って中綿を抜き、新しいバインディングを付けた。よく見るととじ糸の針の穴が残っている。ダブルピンクとインディゴブルーにとりどりの格子や縞が美しく調和した良い作品である。

エイト サイデッド ブロック サマーキルト

1890年頃／200 × 172 cm

不定型の八角形のブロックがロゼット（バラの花の形）に見えて面白く、太く濃い縦布が三角のターキーレッドと呼応し、グラフィックアートのような強い作品になった。

クレイジー

1930〜40年頃／180 × 140 ㎝

20世紀になると美しいがほこりをかぶっても洗えない黒っぽい絹が飽きられて、絹のクレイジー キルトは誰も作らなくなった。木綿のクレイジー キルトは生きのびて、不況の1930年代は、端切れから大きな布にする手段になり、ミシンで縫い合わせたクレイジー キルトがかなり残っている。この作品は明るいコットンに、ターキーレッドの丁寧なステッチがアクセントになり、心あたたまる美しい作品になっている。

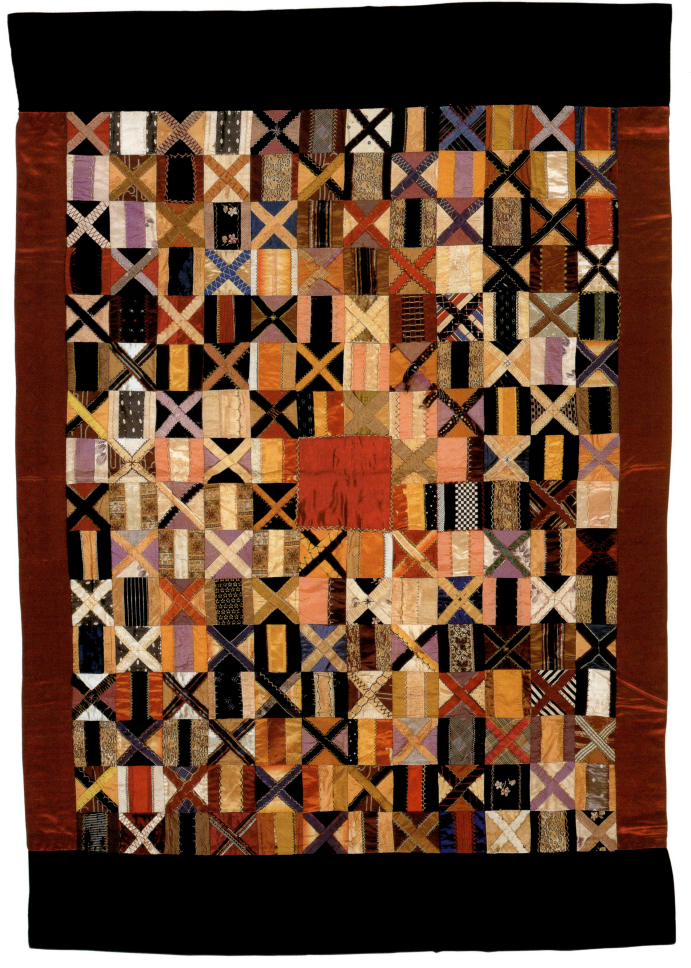

斜めクロスのクレイジー

1890年〜1900年 ／ 200 × 140 cm

不定型に絹を切るのが嫌いな、几帳面なキルターの作品。余計な刺しゅうや飾りをつけず、縫い目に刺しゅうのステッチだけ施したので、離れてみるとモダン・アートのような斬新なデザインになった。擦り切れた中心をカバーし、ボーダーをつけたのは、後世の人であろう。

クロスデザインのクレイジー

19世紀末〜20世紀初期／238×188㎝

このキルトを扱ったディーラーによれば、ロンドンで入手した上流階級のキルトで、19世紀末から20世紀初期の作品であるという、これまで目にしたことのない、稀有なデザインで、強烈な配色からオーラが出るような、不思議なキルトで、野原チャック氏が最も気に入っている作品である。

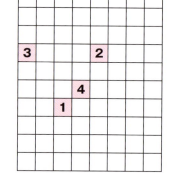

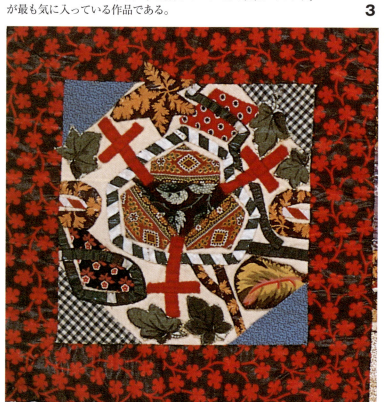

アップリケ&エンブロイダリー

ブロードリー パース
1846年／270×264cm

チンツの花柄や鳥を切り抜いて、無地の布にアップリケすることを"ブロードリー パース"（ペルシャの刺しゅう）というが、英国で始められ、米国では18世紀末から1850年頃まで作られた。19世紀前半のブロードリー パースのメダリオン キルトは、米国でもなかなか見られない。この作品はこのコレクション中最高の傑作で、157年前のチンツの光沢が、そのまま残る最高のコンディションである。キルトを贈られたのは娘で、愛情あふれる母が1846年に制作したと、インディアインクで書かれている。ヨーロッパから輸入した高価なチンツ少量をメダリオン スタイルで白地に散らせてある。しっかりつめたトラプントと細かいキルティングが、作品の格調を高めている。お金持ちが代々家宝として西洋ひのきのチェストに収めて、大切にしたキルトであろう。この作者が、もう一人の娘エレンマリーに送った、すっかり同じ作品がもう一枚あって、これはロサンゼルスのカウンティー ミュージアムが所蔵している。野原チャックコレクションの中では一番のもの。

シグニチャー キルト

1894年／160×174 cm
ケンタッキー州

赤糸の刺しゅうが並ぶ中の黒糸の刺しゅうは亡くなった人の名で、父の死を悼む詩も刺しゅうされている。

大統領のレッドワーク

1907年／210×180cm

1907年に制作された子供用のキルトは当時流行のテディベアがキルトの上段にみえる。1905年に、サンボンネット　スーが毎日違う仕事をする絵はがきが出たが、ベアの流行で、スーと入れ替わったこのパターンもできた。中央に暗殺された三大統領も入るが、愛国心の強い祖母か母の制作であろう。

ドネーション

19世紀後半〜1920年頃／220 × 140 cm

クレイジー キルトで刺しゅうが流行する中、シンプルなアウトライン ステッチの斬新さが受け、布のターキーレッドより安い、刺しゅう糸で19世紀から、1920年代まで、白地に赤のアウトライン ステッチのキルトが作られた。すぐ完成するので、子供用のキルトや寄付金を募るシグニチャー キルトに使われた。10セントから25セント寄付して、サインしたキルトを有志が刺しゅうキルトに仕上げて、それをさらにオークションした。当時は、6〜7ドルで競り落としたので、キルト一枚で二度募金が集まった。

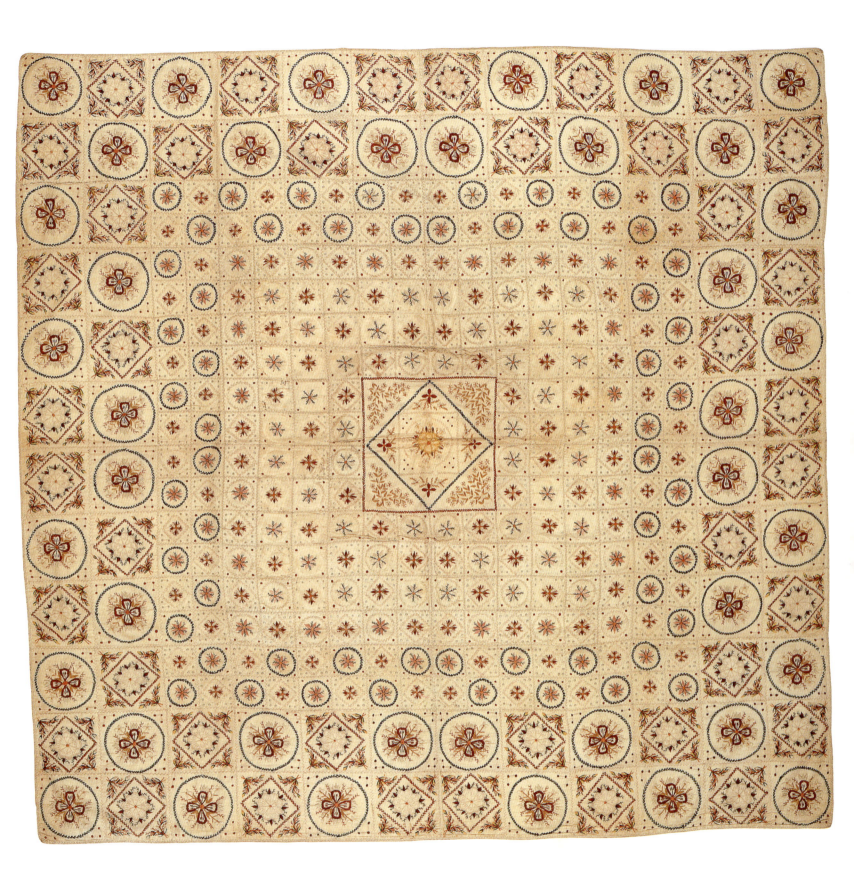

スクエア&サークル

19世紀後半〜1920年 ／ 172 × 162 cm

端正な仕事ぶりの赤と緑の刺しゅうはこの色を好むドイツ系の人の制作と推測される。

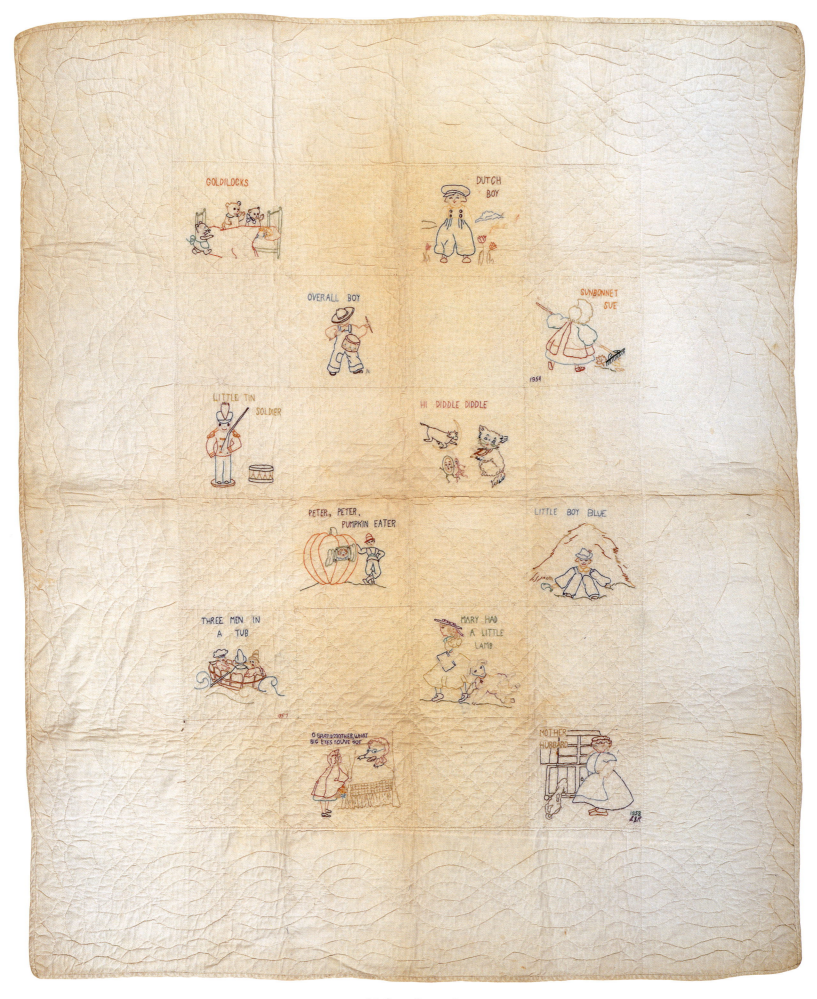

ベビーキルト

1920〜30年頃／172 × 140 cm

ベビーが使ったキルトは何度も洗われて、糸が擦り切れ、色あせているが、それは赤ちゃんが丈夫に育った証拠で、役目を果たしたキルトがいとおしい。

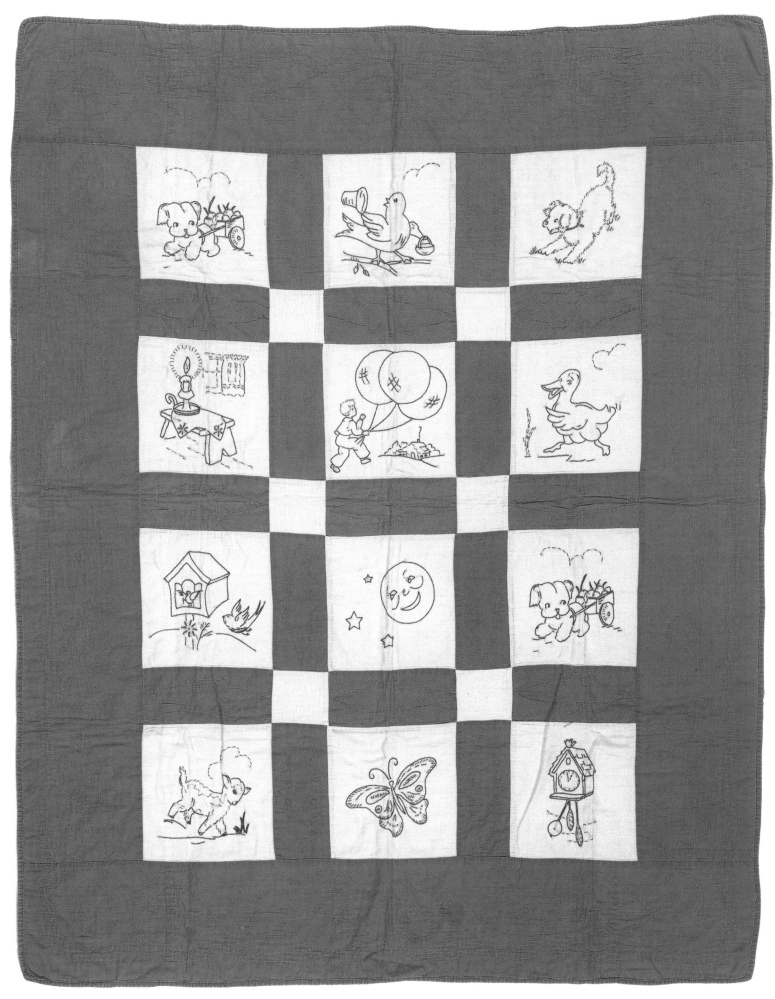

ブルーのベビーキルト

1930年頃／132×101 cm

1925年以降安い赤の化学染料ができると、高価なターキーレッドは市場から消えて、ライトブルーやカラフルな刺しゅう糸で「マザーグース」や「サンボンネット スー」、童話や絵本の挿絵が刺しゅうされた。

刺しゅうのサンプラー

1940年頃／204 × 154 cm

刺しゅうの好きなレイン夫人が、子供に話して聞かせる興味あるものを心を込めて刺した作品。
全て、紳士物のスーツの布の上に手刺しゅうしてある。

ボルティモア スタイル サンプラー

キルトトップ　1920年以降／236 × 208 cm
バインディング　現代

本来のボルチモア アルバムキルトは1840年から1860年代の間だけ、ボルチモア市内に住む良家の子女がアップリケを持ち寄って作った華麗なアップリケキルトである。牧師の送別や知人の昇進、結婚のお祝いに贈ったキルトで、現存する作品は300枚弱しかない。チンツのかわりにクリトン（光沢のない布目の粗い大柄のプリント地で、インテリア布、ガウン、キルトの裏布として使われた）を使ったブロードリーパース。ブランケットステッチに使われたむら染めの刺しゅう糸は1920年以降に製造されたもの。ターキーレッドの布でアップリケされた中央の1882年は、記念日とも考えられる。

ソロモンの庭

1940年頃／ネブラスカ州 232×200㎝

「私はシャロンのバラ、谷の百合」と唄った、旧約聖書の雅歌に載るソロモン王の名前をつけたパターンである。よく知られたアップリケのパターンに、「シャロンのバラ」があるが、現代のバラとは異なり、ハイビスカス科の花である。1930年、1940年はキルト制作が盛んで、パターンを売る会社がたくさんできた。このパターンもメールオーダーで求めたと思われるが、キルティングがみごとな力作である。

花かご
1920年〜1930年頃／218×200㎝

19世紀後半のクレイジー キルト大流行が去ると、キルト作りも下火になった。女性雑誌が20世紀の新しいキルトは黄色やオレンジ色で明るくモダンにと呼びかけた。化学染料の藤色や、灰色がかったナイルグリーンのプリントも作られた。マリー・ウエブスターのアップリケ キルトが雑誌に載ると、19世紀半ば以降、忘れられていたアップリケが新しいデザインで登場した。この作品はユーモアのあるデザインで少女用だが、ベテランキルターの母か祖母が心をこめて縫ったキルトと思われる。

ブライダル

1920年〜1930年頃／224 × 190 ㎝

結婚のお祝いに、アップリケ好きの上手なキルターがおそらく自分でデザインしたオリジナルキルト。世界各国の結婚式や、結納のシーンが幸せを呼ぶブルーによく映える。もう製造されなくなったターキーレッドが、少しずつ大切に使ってある。

赤ずきんのアップリケ

1930年頃／170 × 150 cm

忙しい母親が楽に作れるように、キットにして市販されたキルトで、白地に青い点線で、キルティングラインが印されている。

クリトンのブロードリー パースのテーブルセンター

20世紀前半／150 × 150 cm

ガウン用や、キルトの裏地に粗い織り目のクリトンが、19世紀末から20世紀初めに流行した。19世紀初期のヨーロッパのチンツを真似て、大柄の花鳥の模様が良く使われた。黒地と赤にブランケットステッチでアップリケされたテーブル掛けはおおらかな明るい人が作ったのであろう。メキシコのフィエスタ（お祭り）を思わせるフリンジが、マーベリックキルトらしく賑やかである。

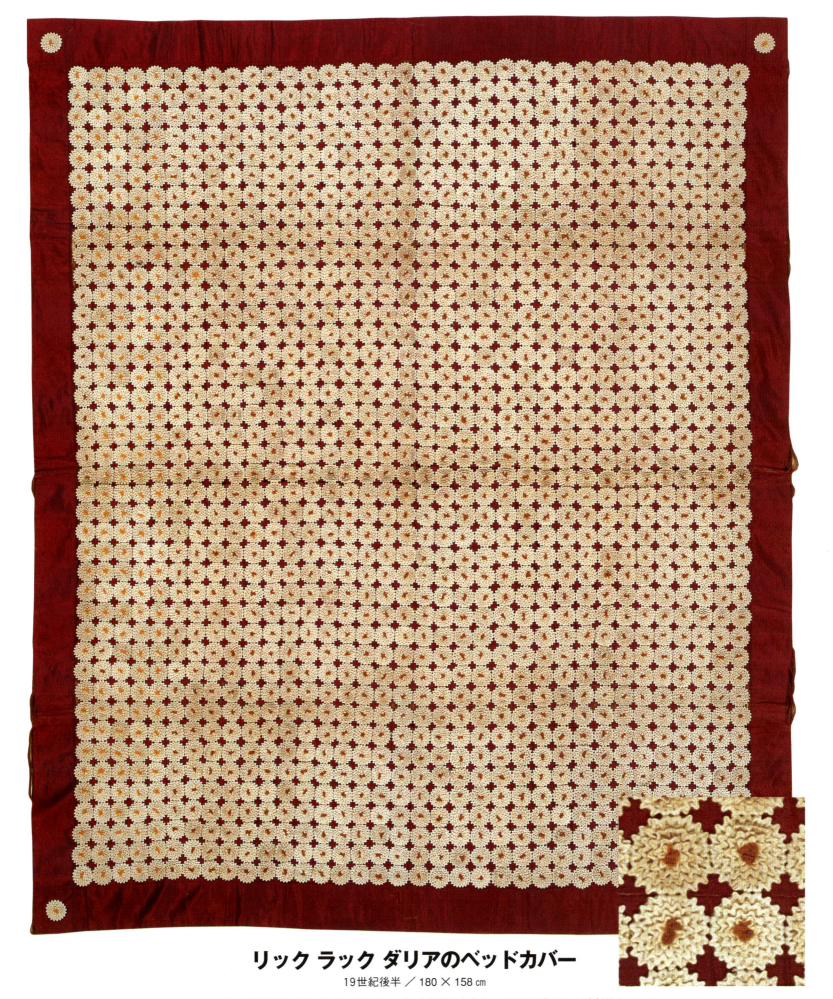

リック ラック ダリアのベッドカバー
19世紀後半／180×158cm

リック ラック（ジグザグの平らな細い飾りテープ）を幾重にも巻き、ダリアの花にした独創的なベッドカバーで、白い花が深紅の絹に美しい。リック ラックは1880年代に手編みレースで初めてジグザグのデザインが考えられ、その後テープが市販された。1875年のモンゴメリー ワードのカタログにリック ラックで裾を飾った夏のスカートがある。この作品もリック ラックが珍しかった19世紀末の制作であろう。リック ラックをふんだんに使い、大きな絹に付けたのは豊かな家庭の夫人であろう。

タバコ

タバコ プレミアム フリル付き

1888年〜1920年頃／222 × 170 ㎝

1881年にデューク社の若社長が、シガレットの販売を始め、女性の喫煙者が出るようにと、1888年から万国の衣装や、女優、蝶、動物、花、旗などをシルクにプリントした「シルキー」をシガレット（タバコ）の箱に一枚ずつ入れて売り出した。折りからのクレイジー キルトブームでこの「シルキー」をキルトに使うだろうというタバコ会社の思惑ははずれたが、シルキーだけを集めたクッションや膝掛け、オルゴール カバーなどが作られた。

シルキーのベッドカバー

1888年～1920年頃／200×160cm

タバコはもともと、アメリカン インディアンが病気を燻し出す薬として吸っていたので、タバコ会社はニコチンの害を知らず、これまで宣伝に力を入れてきた。てがるに吸えるシガレットを、他社の半額で売り出したデューク社は、売上を伸ばすために美しいシルクプリント（シルキー）を一枚ずつタバコの箱に入れた。シルキーはシリーズだったので収集に夢中になる人がたくさん出た。この大きなベッドカバーは、シリーズでまとめてあるので、家族や友人に頼み込んで集めたのであろう。キルト・コレクターとタバコ関係の収集家の両方が欲しがる貴重な作品である。

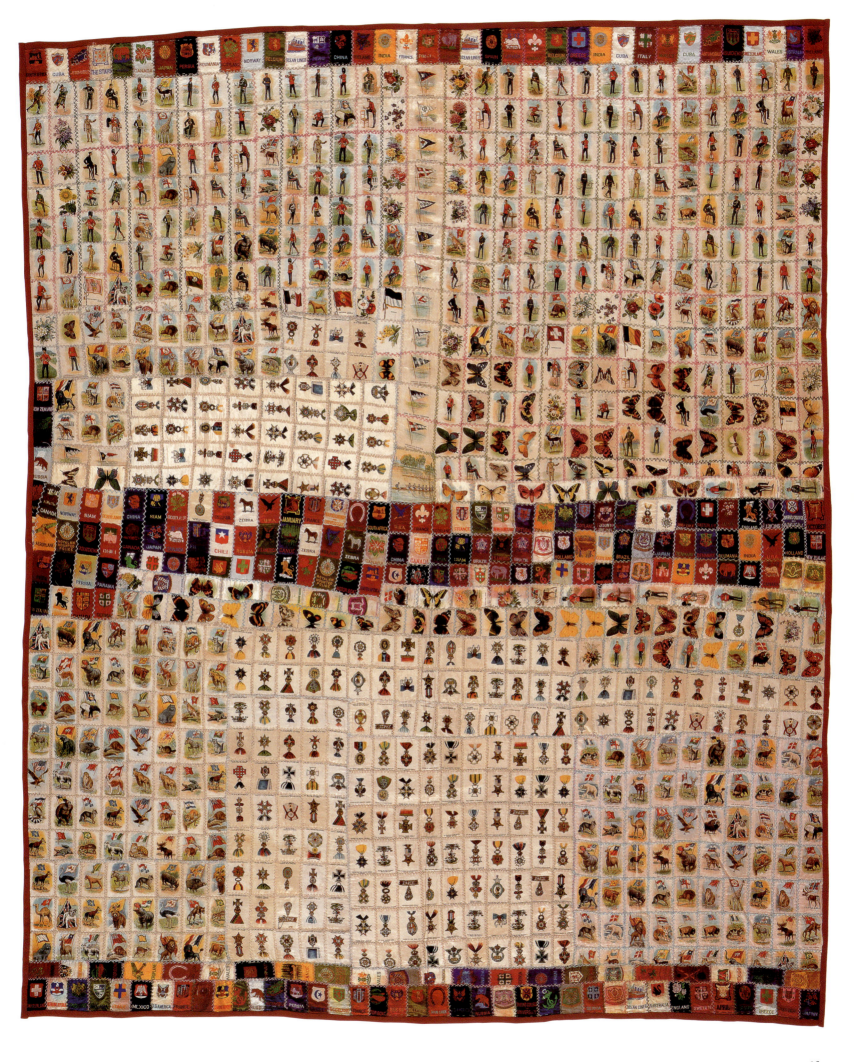

シルキーのクッション（緑）
1888年〜1920年頃／45 × 45 cm

シルキーのクッション（ゴールド）
1888年〜1920年頃／45 × 45 cm

旗のシルキーがクッションの大きさの絹に直接プリントしてある非常に珍しい作品。クッションの保存状態も最高で、大変貴重なコレクションである。

シルキーのクッション（白・小型）
1888年〜1920年頃／40 × 47 cm

シルキーのクッション（白）
1888年〜1920年頃／50 × 45 cm

シガー リボンのキルトトップ

19世紀後半／80×80cm

昔から葉巻（シガー）は高価で、裕福なジェントルマンだけが吸った。50本のシガーをブランドネーム入りの一本のリボンでしばり、箱に入れたのでシガー リボンを集めるのは大変だった。お金持ちのステータスになる、シガー リボンのキルトを、乙女から贈られるのが、当時の若者の夢だった。

作品リスト

作品名	ページ
ポステージ スタンプ メダリオン	6
スクエア パッチ	8
フォー パッチ	9
フォー パッチ	10
スクエア パッチ	12
トリップ アラウンド ザ ワールド	13
アイリッシュ チェーン（フォーポストベッド用）	14
シングル アイリッシュ チェーン	16
斜めラインのスクエア パッチ	17
フォー パッチ	18
ナイン パッチ	19
メダリオン	20
ヘクサゴン スター	22
矢羽根模様のヘクサゴン	24
ヘクサゴン	25
ハニコム	26
ヘクサゴンスターとフラワーバスケットのサマーキルト	28
ヘクサゴンつなぎ	29
ストリング ヘクサゴン	30
おばあさんの花園	31
フラワー バスケット	32
ニューヨーク ビューティー	34
のこぎりの歯	35
のこぎりの歯	36
ローリング スター（バリエーション）	37
トライアングル メダリオン	38
オーシャン ウェーブ	40
サウザンドピラミッド	41
ベビーブロックス	42
ダイヤモンド イン ザ スクエア	44
ローマンストライプ	45
ドレスデン プレート	46
ドレスデン プレート	47
クラウン オブ ソーン	48
フライング ギース	49
稲妻	50
裁判所の階段	52
裁判所の階段	53
棟上げ	54
光と影	55
日なたと日陰	56
センター ダイヤモンド	57
ヨーロッパのウールのアップリケ	58
馬のシルエットのクレイジー	60
ストライプ状のクレイジー	62
ヴァイオリンのクレイジー	64
レール フェンスのクレイジー	65
ピンクの扇のクレイジー	66
コットンのクレイジー	68
エイト サイデッド ブロック	69
クレイジー	70
斜めクロスのクレイジー	71
クロスデザインのクレイジー	72
ブロードリー パース	74
シグニチャー	76
大統領のレッドワーク	77
ドネーション	78
スクエア＆サークル	79
ベビーキルト	80
ブルーのベビーキルト	81
刺しゅうのサンプラー	82
ボルティモア スタイル サンプラー	83
ソロモンの庭	84
花かご	85
ブライダル	86
赤ずきんちゃんのアップリケ	87
クリトンのブロードリーパースのテーブルセンター	88
リック ラック ダリアのベッドカバー	89
タバコ、プレミアムフリル付き	90
シルキーのベッドカバー	92
シルキーのクッション（緑）	94
シルキーのクッション（ゴールド）	94
シルキーのクッション（白）	94
シルキーのクッション（白・小）	94
シガーリボンのキルトトップ	95

野原チャック・コレクション

アンティーク・キルト
ANTIQUE QUILT COLLECTION ＜復刻版＞

著者／野原チャック
作品解説／小野ふみえ
撮影／斉藤亢
編集／（株）ジェイ・キュー・シー
表紙アートディレクション／稲垣行一郎
表紙レイアウト／（株）トマソンコミュニケーションズ
口絵レイアウト／フクザワアヤノ

発行日／2016年10月9日
発行人／瀬戸信昭　編集人／今ひろ子
発行所／株式会社 日本ヴォーグ社
〒162-8705　東京都新宿区市谷本村町 3-23
Tel.03-5261-5083（編集）　Tel.03-5261-5081（販売）
振替　00170-4-9877
出版受注センター　Tel.03-6324-1155　Fax.03-6324-1313
印刷所／東京印書館
Printed in Japan　© Chuck Nohara 2016
NV70393　ISBN978-4-529-05638-0　C5077

・本書に掲載する著作物の複写に関わる複製、上映、譲渡、公衆送信（送信可能化を含む）の各権利は株式会社日本ヴォーグ社が管理の委託を受けています。

JCOPY ＜(社)出版者著作権管理機構 委託出版物＞
本書の無断複写は著作権法上での例外を除き禁じられています。複写される場合は、そのつど事前に、(社)出版者著作権管理機構（Tel.03-3513-6969、Fax.03-3513-6979、E-mail: info@jcopy.or.jp）の許諾を得てください。

・万一、落丁本、乱丁本がありましたら、お取り替えいたします。お買い求めの書店か、小社販売部へご連絡ください。